Katarzyna Bajerowicz

Korallen
RIFF

Mein buntes Unterwasser-Wimmelbuch

Pattloch

Schau mal! Letzte Nacht sind Babyschildkröten aus den Eiern geschlüpft, die die Mamaschildkröte im warmen Sand gelegt hat. Jetzt kriechen sie mutig über den weiten Strand bis zum Meer. Sie müssen sich beeilen − auf dem Sand sind sie nicht sicher.

Hier lauern nämlich viele Gefahren: gierige Möwen, gefräßige Krabben und die brennende Sonne. Die kleinen Schildkröten marschieren los, um sich in den Wellen zu verstecken, wo sie ihr ganzes Erwachsenenleben verbringen werden. Schau genau hin und zähle mal, wie viele Babyschildkröten es sicher ins kalte Meereswasser geschafft haben.

BRÜTE DEINE EIGENE SCHILDKRÖTE AUS!

Dass Schildkröten aus Eiern schlüpfen, weißt du jetzt schon. Dein kleiner Freund wird ebenfalls aus einem Ei kommen – du brauchst nur einen eiförmigen Behälter, wie er bei manchen Süßigkeiten verwendet wird. Einen wie diesen:

Du benötigst außerdem ein festes und buntes Blatt Papier (zum Beispiel das Titelblatt eines Magazins), etwas Kleber und eine Schere. Verwende so viele recyclebare Materialien, wie du kannst (recyclebar heißt, dass man sie wiederverwenden kann). Du kannst Plastikbehälter, Flaschen, Schraubdeckel oder Schmierpapier hernehmen. Dadurch werden diese Materialien noch einmal verwendet und verschmutzen nicht die Umwelt.

Wasche deine Süßigkeitenverpackung gut ab. Nun kannst du sie anmalen, wenn du möchtest (zum Beispiel mit Acrylfarben).

Zeichne die Form deines Behälters auf dem bunten Papier nach (1). Falte das Papier sorgfältig einmal längs. Male die Flossen neben deiner Eiform auf (2) und schneide alles aus. Wenn du das Papier entfaltest, dann bildet es den Bauch deiner Schildkröte (3). Bestreiche den Rand deines Eis mit etwas Klebstoff und drücke es auf das ausgeschnittene Ei (4).

Falte nun ein weiteres Stück Papier, zeichne darauf den Kopf der Schildkröte und schneide ihn aus (5). Klebe das Papier zusammen, denke dabei aber daran, am Ende des Halses einen Streifen frei zu lassen. Falte diesen Streifen nach außen, bestreiche ihn mit etwas Kleber und befestige den Hals am Körper der Schildkröte (6).

Nun kannst du deine Schildkröte nach Herzenslust verzieren.

Du kannst die zweite Hälfte des Behälters mit jemandem teilen oder eine zweite Schildkröte basteln – die Tiere sind gerne unter Freunden. Wenn du keinen eiförmigen Behälter hast, dann nimm etwas anderes (zum Beispiel eine der Mulden eines Eierkartons oder einen kleinen Joghurtbecher). Jedes Stück Plastik kann für irgendetwas verwendet werden.

Viel Spaß beim Basteln!

1.

2.

3.

4.

5.

6.

Das Korallenriff ist die Heimat vieler verschiedener Tiere. Manche leben in den Felsspalten, andere graben sich auf dem Meeresboden im Sand ein. Schau dich um! Findest du den Einsiedlerkrebs, der in eine leere Muschel eingezogen ist?

Seine Verwandten, die neugierigen Zwergkrabben, leben normalerweise in großen Kolonien in kleinen Bauten im feuchten Sand am Strand. Jetzt sind sie aber ein bisschen neidisch auf den Einsiedlerkrebs und seine gemütliche Wohnung und haben deshalb ihre eigene Muschel gefunden. Nimm ein weißes Blatt Papier zur Hand und entwirf eine Wohnung für die Krabbenfamilie!

Seesterne sind sehr langsam, obwohl sie hunderte kleine Füße haben. Außerdem ist es sehr schwer, ihnen in die Augen zu sehen, denn diese befinden sich am Ende jedes Arms und sind so klein, dass sie kaum zu erkennen sind. Vielleicht ist das der Grund, dass es Seesternen meistens völlig egal ist, in welche Richtung sie gehen. Immerhin sehen sie alles, was um sie herum vor sich geht.

Na ja, fast alles. Sie sehen nämlich nicht besonders gut. Kannst du ihnen helfen, die orangefarbenen Fahnenbarsche zu finden? Zeig ihnen auch die glänzenden Rassiermesserfische, die kopfüber um die Fangarme der Koralle herumschwimmen! Und vergiss nicht die Perlmuschel! Sie hat gerade eine Perle erzeugt und zeigt sie nun der ganzen Welt.

WAS SIND KORALLEN?

Hmmm ... tatsächlich: Was sind sie? Vielleicht sind sie Pflanzen? Schließlich sehen einige von ihnen aus wie Büsche und haben sehr lange Zweige. Das stimmt, aber andere sehen auch aus wie Pilze: Sie wachsen an Felswänden wie Klammerpilze oder liegen auf Steinen wie Glucken! Korallen sind aber TIERE, auch wenn sie gar nicht wie Tiere aussehen. Ihre nächsten Verwandten sind Anemonen und Quallen. All diese Geschöpfe entwickeln sich aus Polypen. Einzelne, ortsfeste Polypen nennt man Anemonen und frei schwimmende Polypen sind als echte Quallen bekannt (tatsächlich ist die Quallen-Form nur eine ihrer Entwicklungsstadien). Auf dem Bild links kannst du einen einzelnen Polypen sehen.

Korallen bilden Kolonien – sie lieben es, in großen Gruppen dicht beieinander zu leben (ein bisschen wie Menschen in einem Wohnungskomplex).

Mund

Fangarme mit Nesselzellen

Nahrung

Magen

Ein großes Korallenriff besteht vor allem aus Korallen. Die weichen Körper mancher Arten von Polypen sind in harten, kalkreichen Skeletten eingeschlossen. Und weil Korallen so gesellig sind, leben im Riff auch andere Tiere: zum Beispiel Krabben, Garnelen, Schwämme, Seepocken, Seesterne, Seegurken, erstaunlich geformte Fische und andere skurrile Geschöpfe, einige davon sind bis heute noch unentdeckt. Du fragst dich bestimmt, was Korallen essen ... Einige sind Raubtiere. Sie fangen ihre Beute mit ihren Fangarmen, an denen sich Nesselzellen befinden. Sie nutzen diese Nesselzellen, um allerlei kleine Tiere zu betäuben, und ziehen sie dann in ihren Magen, um sie zu verdauen.
Andere Korallen arbeiten mit Algen zusammen, die in ihnen leben. Dank Photosynthese produzieren diese Algen Nahrung für die Korallen. Als Gegenleistung beschützen die Korallen die Algen und teilen ihr Kohlenstoffdioxid mit ihnen und ihre Stoffwechselprodukte (eine Art ... Kot, könnte man sagen).
Wenn das Meer vermüllt und verschmutzt ist, dann erreicht die Algen in den Korallen weniger Licht, wodurch die Algen ihre Korallen nicht füttern können. Wenn das geschieht, wird das Riff immer blasser und verhungert schließlich.

Wenn du denkst, dass Fischen ihre Körperpflege egal ist, weil sie im Wasser leben, dann tust du ihnen damit Unrecht. Für die Bewohner des Korallenriffs hat Sauberkeit einen sehr hohen Stellenwert! Kleine Fische, die so blau sind wie die Lichter an einem Krankenwagen, und winzige Garnelen mit Schnauzbart entfernen alles von den Körpern der größeren Fische, was diese verletzen könnte.

Selbst der größte Fisch wartet geduldig in der Schlange, um sich putzen zu lassen. Währenddessen entfernen die kleinen Geschöpfe Parasiten und Essensreste, die unter den Schuppen und in den höflich geöffneten Mäulern feststecken. Schau dir das Bild mal genauer an und zähle, wie viele Fische und Garnelen die größeren Fische putzen!

Die Sonne ist aufgegangen und das Riff schimmert in tausenden verschiedenen Farben. Die bunten Fische, neonfarbenen Korallen und stechenden Seeanemonen auf den Muscheln der Einsiedlerkrebse leuchten alle wunderbar. Ein kleiner gelber Fisch hat im gelben Schwamm ein Zuhause gefunden – kannst du ihn sehen?

Nicht jeder ist der Meinung, dass all diese Farben notwendig sind. Viele kleine, schüchterne Geschöpfe leben in den dunklen Ecken und Nischen der Felsen und verlassenen Muscheln. Schau mal, ob du die versteckten Bewohner des Riffs entdecken kannst!

Was ist denn hier los? Jeder tut so, als sei er etwas anderes! Der ängstliche Krake ist ein Stein. Seine Nachbarn, die eigenartigen Seegurken, sind vor lauter Angst grün geworden und die kleinen Fische, die in ihren Bäuchen leben, haben sich noch tiefer darin verkrochen.

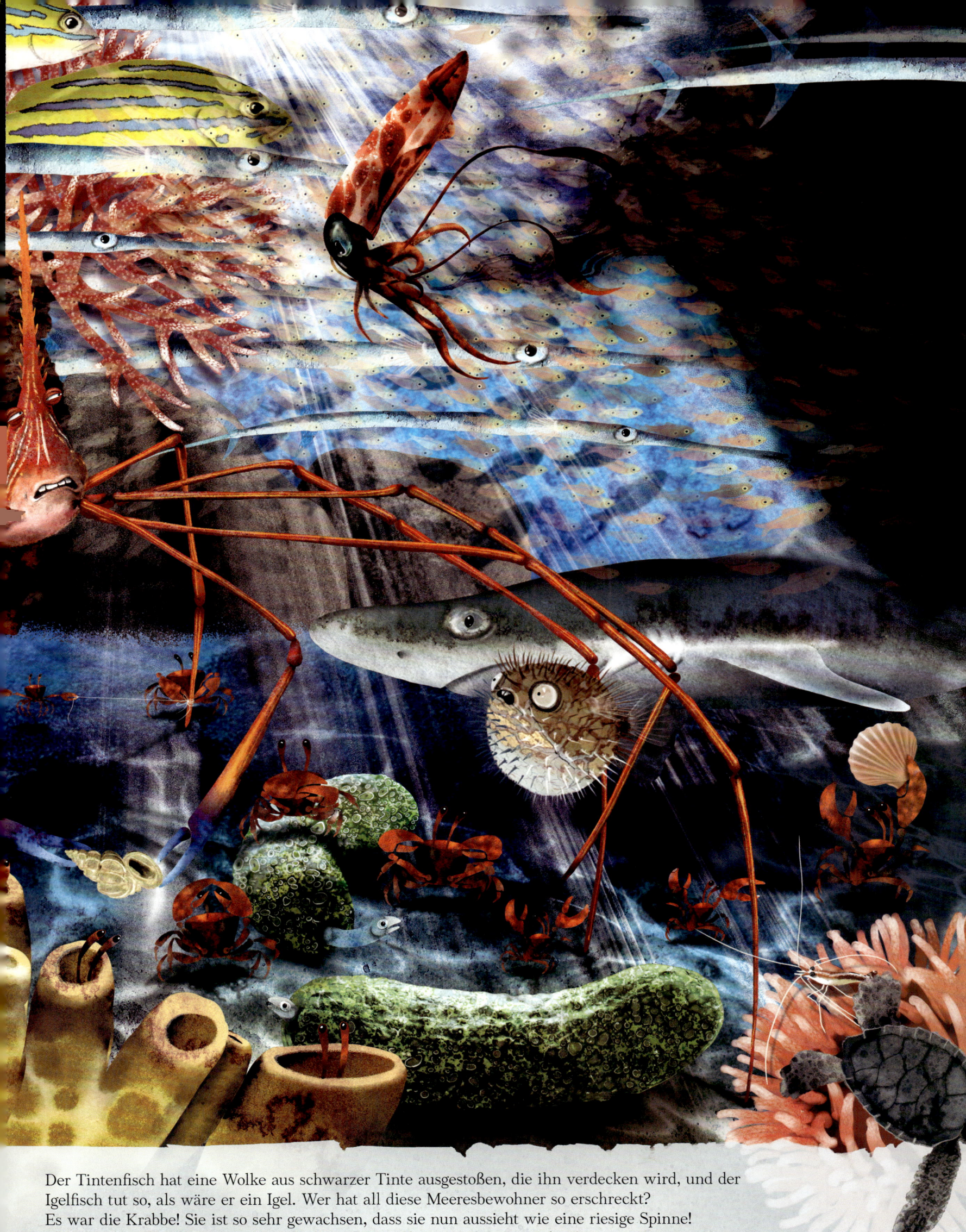

Der Tintenfisch hat eine Wolke aus schwarzer Tinte ausgestoßen, die ihn verdecken wird, und der Igelfisch tut so, als wäre er ein Igel. Wer hat all diese Meeresbewohner so erschreckt? Es war die Krabbe! Sie ist so sehr gewachsen, dass sie nun aussieht wie eine riesige Spinne! Kannst du noch andere Tiere finden, die sich an sicheren Orten verstecken?

Es ist Vollmond und obwohl es Nacht ist, schläft niemand: Die Korallen legen nämlich ihre Eier. Aus diesen Eiern werden Larven schlüpfen und wenn sie erwachsen sind, werden sie sich im Meer ansiedeln und neue Riffe bilden. Ein hundert Jahre alter Drachenkopf hat es sich auf dem Meeresboden gemütlich gemacht.

Er tut so, als sei er ein Stein, und wartet auf unachtsame Fische – finde ihn und warne alle anderen Tiere!
Fischschwärme baden im silbernen Mondlicht und flüchten vor den Tintenfischen und den Quallen, die im Dunkeln leuchten.
Die Fische bewundern mikroskopisch kleine Kieselalgen und ein großer Rochen tanzt im Mondlicht gleich unter der
Wasseroberfläche – kannst du seinen Umriss sehen?

SCHATZKARTE

EUROPA

ASIEN

AFRIKA

AUSTRALIE

Zu welchen versteckten Schätzen kann dich diese Karte führen? Du hast recht! Sie zeigt, wo es überall auf der Welt Korallenriffe gibt! Diese Orte sind mit kleinen Korallen markiert.

Riffe sind unglaublich wichtig, und zwar nicht nur, weil sie bunt, interessant und schön sind. In erster Linie sind sie eine sichere Zufluchtsstätte für tausende verschiedene Arten (einigen davon begegnest du in diesem Buch).

Davon abgesehen formen Korallenriffe die Erdkruste und das größte Riff der Welt – das Great Barrier Reef in Australien – kann sogar vom Weltraum aus gesehen werden! Du findest es auf dieser Karte, dort wo sich ein großer Korallenhaufen östlich (in anderen Worten rechts) von Australien befindet. Die klitzekleinen Polypen formen Schutzwälle, die so groß und stark sind, dass sie die Küste bei Stürmen vor Zerstörungen schützen. Korallenriffe und Seegraswiesen sind wie ein Filter – sie vermindern Verschmutzungen. Und obwohl sie nur

NORDAMERIKA

SÜDAMERIKA

einen kleinen Bereich des Meeresbodens einnehmen, ist ein Viertel aller Meeresbewohner von ihnen abhängig. Viele dieser Tiere dienen den Menschen als Grundnahrungsmittel.

Kannst du die beiden unschönen Tintenflecken zwischen Asien und Amerika sehen? Hier befindet sich der „Pazifische Müllstrudel". Er nimmt so viel Raum ein, dass er manchmal mit einem Kontinent verglichen wird. Plastikmüll ist eine große Gefahr für Meere und Ozeane, einschließlich Korallenriffe. Er vergiftet Tiere und Pflanzen und verhindert, dass das Sonnenlicht den Meeresboden erreicht. Was denkst du: Kannst du die Korallenriffe retten und die Welt verändern? Du bist zwar nur ein kleiner Mensch, aber bedenke, dass viele kleine Lebewesen tagtäglich unseren Planten verändern.

Ist das eine Art Albtraum?! Traurigerweise, ja. Es ist der ganze Müll, den Menschen einfach irgendwo hinwerfen. Die Strömung hat ihn ins Riff gebracht. Der umhertreibende Müll verdunkelt das Sonnenlicht. Das führt dazu, dass die schönen bunten Korallen immer blasser werden und sterben.

Plastiktüten, leere Dosen, alte Fischernetze und Seile sind gefährlich für Tiere. Einige Seegurken stecken in einem Glas fest und kommen nicht mehr heraus! Findest du noch andere Meeresbewohner, die im Meer aus Müll eingeschlossen wurden oder sich verirrt haben? Wie kannst du ihnen helfen? Hast du Ideen?

Die Sonne ist wieder aufgegangen und ihre Strahlen erreichen auch die letzten Winkel des Riffs. Alle freuen sich über das schöne Wetter. Der riesige stachelige Feuerfisch hat sein Versteck in einer felsigen Höhle verlassen und bewundert nun das, was die Krabbe gefunden hat – kannst du ihm sagen, worum es sich dabei handelt?

Die Clownfische, die in den Anemonen leben, wundern sich, wer einen spanischen Torero miemt und mit einem roten Tuch vor dem Kuhfisch herumwedelt. Die kleinen Grundeln und Knallkrebse haben ganz vergessen, vorsichtig zu sein, und betrachten nun neugierig die Show des Seesterns – womit jongliert der Seestern da?

MEERESAQUARIUM

Wo leben Meeresschildkröten? Im Meer natürlich! Aber deine Schildkröte braucht nicht das Meer, sondern … etwas Pappe.

Nimm eine gebrauchte Pappschachtel zur Hand (zum Beispiel einen Schuhkarton). Du kannst sie anmalen oder mit buntem Papier aus alten Magazinen bekleben. Sie wird dein Aquarium werden. Du musst nur noch sicherstellen, dass es ein gemütlicher Lebensraum ist, und weitere Bewohner finden.

Benutze so viele recyclebare Materialien, wie du kannst, so wie du es auch getan hast, als du deine Schildkröte gebastelt hast. Recyclebar bedeutet, dass man sie wiederverwenden kann.

Die Korallen im Aquarium auf der nächsten Seite wurden auf feste Folienstücke gemalt, die von einer alten Verpackung stammen. Die Fische wurden aus alten Magazinen gemacht, die Krebse aus Flaschendeckeln und die Perlmuscheln aus Kronkorken (wenn du deine eigenen basteln möchtest, dann bitte am besten einen Erwachsenen um Hilfe - Kronkorken lassen sich sehr schwer verbiegen). Die Perlen stammen aus einer kaputten Weihnachtsgirlande und aus Alufolienbällchen. Auch bei dir zuhause kannst du ähnliche Gegenstände finden – du brauchst keine neuen Spielsachen zu kaufen, wenn so viele tolle Dinge herumliegen. Lade deine Eltern, Geschwister und Freunde zum Mitmachen ein – denkt euch noch mehr Ideen aus, die ihr umsetzen könnt, und habt Spaß dabei!

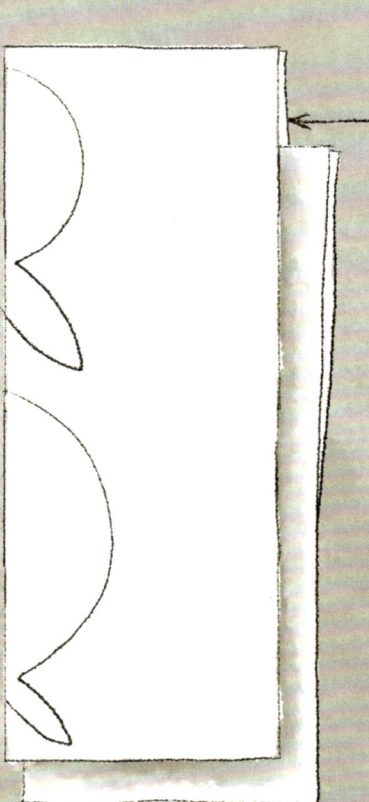

Wenn du eine Fischgirlande basteln möchtest, dann stecke zwei gefaltete Papiere ineinander und schneide die Formen aus. So erhältst du Paare mit identischen Fischen. Bestreiche die Fische mit etwas Klebstoff und klebe sie um einen Faden oder ein Stück Angelschnur herum.

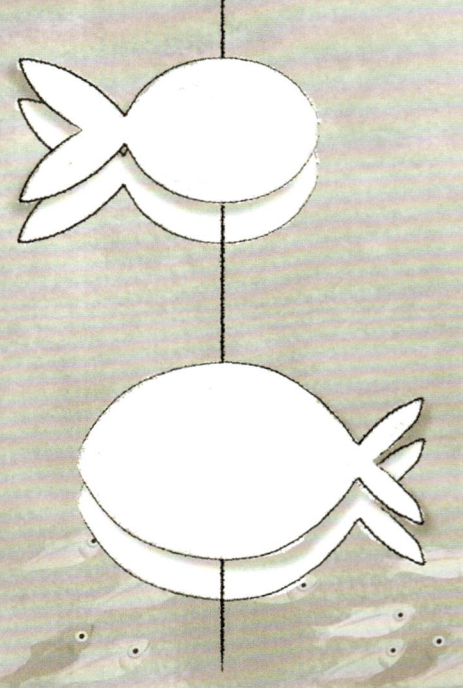

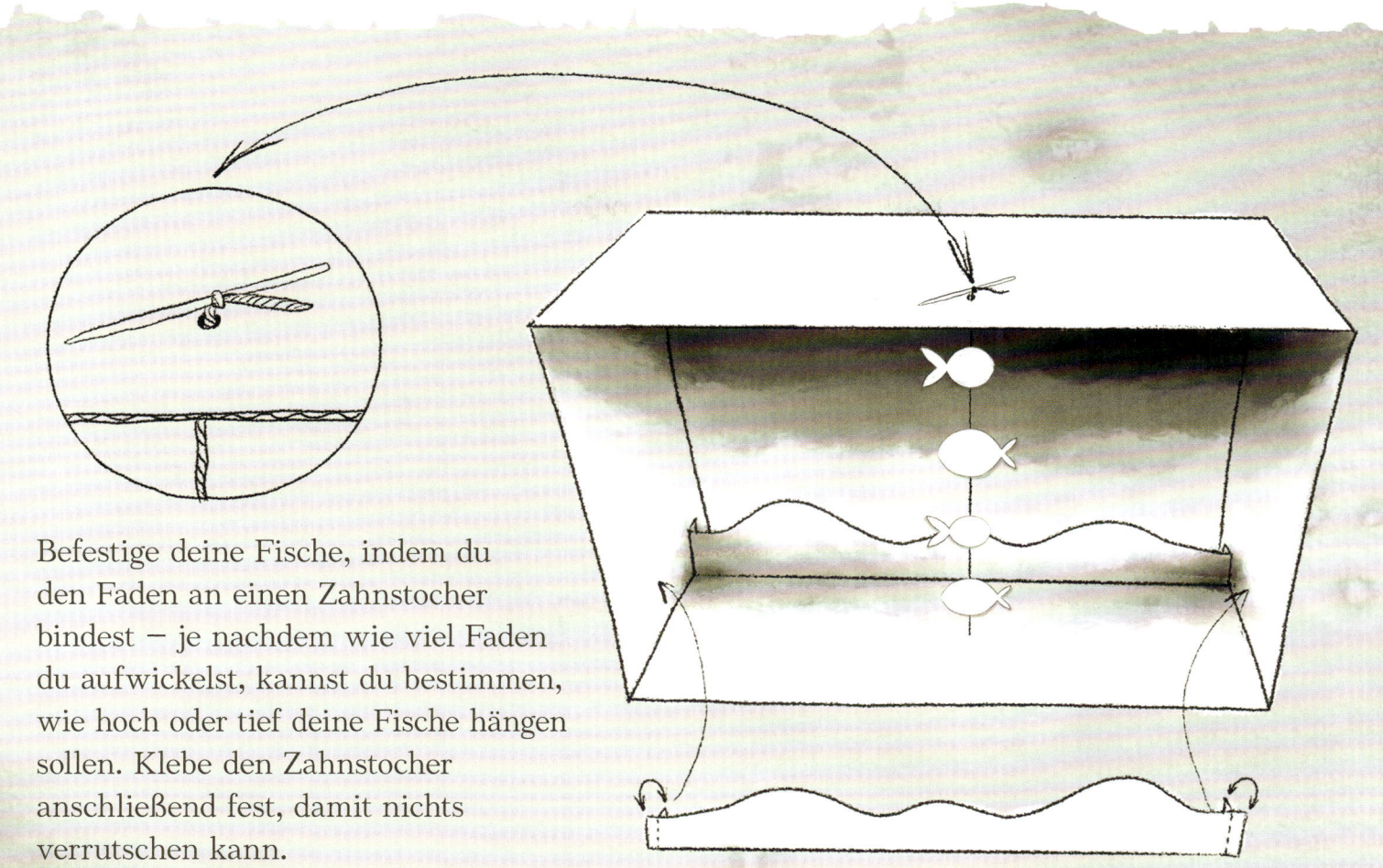

Befestige deine Fische, indem du
den Faden an einen Zahnstocher
bindest – je nachdem wie viel Faden
du aufwickelst, kannst du bestimmen,
wie hoch oder tief deine Fische hängen
sollen. Klebe den Zahnstocher
anschließend fest, damit nichts
verrutschen kann.

Wenn du möchtest, kannst du noch eine kleine LED-Lampe in dein Aquarium einfügen
(hinter einen der Sandwälle) – auf diese Weise erhältst du ein zauberhaftes Nachtlicht.
Wenn du mit deinem Aquarium nicht mehr spielen möchtest, dann denk daran, alle
Materialien richtig zu entsorgen.

Das hier ist die letzte Schildkröte, die das Korallenriff verlässt. Sie wird nun durch die Meere und Ozeane reisen und mehr über die Welt lernen. Ihre Freunde aus dem Riff verabschieden sie, aber nicht für immer.

Denn eines Tages werden die Schildkröten, die sich aus den Eiern im warmen Sand entwickelt haben, zurückkehren und ihre eigenen Eier legen! Und dann wird eine neue Generation dieser Meeresreptilien schlüpfen. Bis dann!

The original title: Rafa Koralowa
© Copyright for the text and illustrations by Wydawnictwo Nasza Ksiegarnia, 2018
Published by arrangement with Wydawnictwo Nasza Ksiegarnia Sp. z o.o.

© 2024 Pattloch Verlag
Ein Imprint der Verlagsgruppe
Droemer Knaur GmbH & Co. KG, München

Text und Illustrationen: Katarzyna Bajerowicz

Übersetzung und Lektorat: Katharina Hepp, Pattloch Verlag

Satz: Sabine Albrecht, Pattloch Verlag

Gesamtherstellung:
Grafisches Centrum Cuno GmbH & Co. KG, Calbe

ISBN 978-3-629-01072-8

www.pattloch.de

2 4 5 3 1

FSC
www.fsc.org

MIX
Papier | Fördert
gute Waldnutzung
FSC® C043106